JN239414

教室のなかの 多様性図鑑

ひとりひとりの
ちがいに出あう
旅にでかけよう

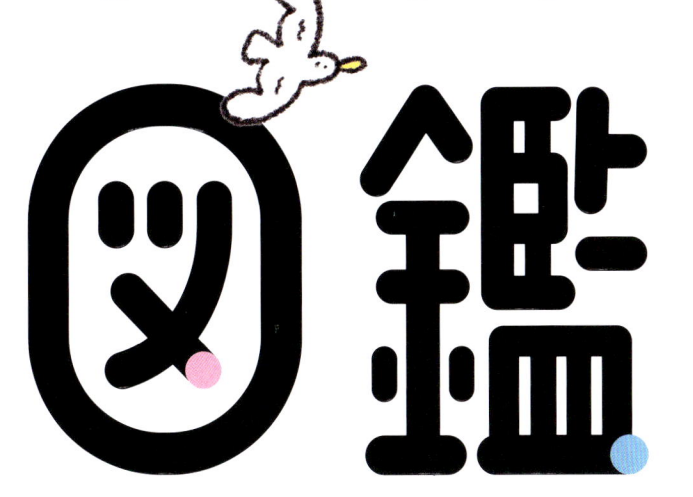

監修 **野口晃菜** インクルージョン研究者

Gakken

ちがいに出あう旅へようこそ！

わたしは野口晃菜です。

インクルーシブな学校や社会をつくるための活動をしています。

「インクルーシブ」とは日本語で言うと「包みこむ」という意味です。

そして、「インクルーシブな学校」とは、ちがいがあっても、だれもが

自分らしく安心してすごし、学べる学校のことです。

旅びとのあなたへ

みなさんの学校はどうですか。

あなたは安心して楽しくすごしていますか。

まわりの人たちはどうでしょうか。

「自分はみんなとちがう」となやんでいる人もいるかもしれません。

「ちがい」について考えることは、「ふつう」について考えることです。

では、「ふつう」とはなんでしょうか。

あなたにとっての「ふつう」は、ほかの人にとっての「ふつう」とちがいます。

例えば、右利きが「ふつう」の人もいれば、左利きが「ふつう」の人もいます。

歩いて移動することが「ふつう」の人もいれば、

車いすで移動することが「ふつう」の人もいます。

でも、今の学校や社会は一つの「ふつう」にあわせてつくられています。

自分にとっての「ふつう」と社会の「ふつう」が同じだったらこまらない。

でも、自分にとっての「ふつう」と社会の「ふつう」がちがったら、

不便だったり不利だったりします。

この本には、社会の「ふつう」とはちがう人がたくさん出てきます。ちがいを知ると、

いろんな発見があります。おどろいたり、悔しくなったり、モヤモヤしたり、ワクワクしたり……。

どの気持ちも大切です。この本を読むことで、これまで知らなかったちがいに

たくさん出あってください。きっと旅をしているような気分になります。

それぞれの章の最後には、こまっている人のなやみごともでてきます。

どうやって解決したら良いか、考えてみましょう。

そして、この本に出てくるちがいは、ほんの一部です。

読みおわってからも、ちがいに出あう旅を続けてください。

もしあなたがちがいによってこまっているのであれば、それはあなたが悪いわけではありません。

ちがいがある人もすごしやすい学校や社会を大人はつくらなければなりません。

しかし、まだ大人もそういう社会をつくりきれていないのです。

この本を読んでいるあなたも、だれもがすごしやすいインクルーシブな学校や

社会をつくる一員です。どうしたらそんな学校や社会がつくれるのか、

いっしょに考えてみましょう。良いアイディアがあったら教えてくださいね。

それでは、良い旅を！

同じ学校の、同じ学年で、
同じ教室に通うみんな。
いつもの教室、
いつものみんな。

みなさん、
今週の金曜日は
いよいよ
遠足です

もうすぐ遠足。
みんなも遠足を楽しみにしているみたい。

遠足楽しみ！
みんなもきっと
楽しみにしてる
んだろうな

でも、ちょっと待って。
みんなが同じとはいえないみたい。
見えるところ、
見えないところ。

遠足めんど
くさいなー

ぼくは
行けるのかな？

お弁当
どうしよう

歩くのは
好きじゃないな

え！　遠足？
知らなかった

似ているところもあるけれど、
ちがうところもいっぱいある。
それは、悲しいこと？
特別なこと？

Bくんと
いっしょに
歩きたいな

自分が思っていた「ふつう」って
本当に「ふつう」なのかな？

ちがいに出あう

旅のしおり

くみ	なまえ

まずは、きみにとっての「ふつう」を考えてみよう。
きみはトビラの文字を見て、
どんな人を思い浮かべるかな？

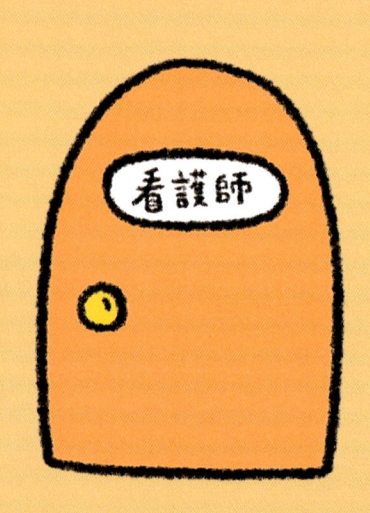

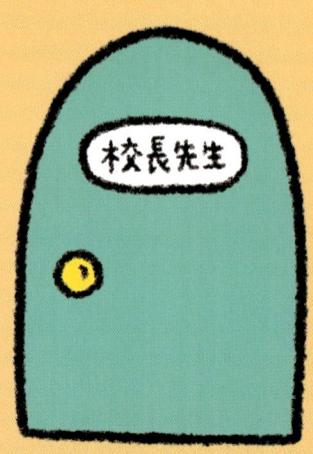

この人は、きみの思い浮かべた人と同じ？

それともちがう？

人によっていろいろな「ふつう」を
思い浮かべるかもしれないね。

ふつうの校長先生

でも、今みんながすごしている社会は、
より多くの人が思い浮かべる
「ふつう」に合わせてつくられているんだ。

けれど、多くの人が思う「ふつう」に合わせて
社会がつくられていることで
こまる人や苦しむ人もいるよ。

じゃあ、みんなにとって、
すごしやすい学校や社会って
どんなところだろう？

それを考えるためには、まず、
それぞれのちがいを知ることが
大切だよ。

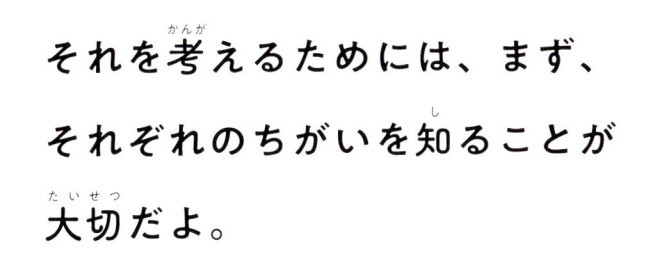

さぁ、旅にでかけよう！

1

好きなものの
ちがい

21

1 好きなものの ちがい

好きなものや苦手なものは人によってちがいます。しかし、多くの人が好きなものや興味のあるものだと、「みんな、これを好きなのが当たり前」と思われてしまうことがあります。

ぼく、体育は苦手だけど、国語は好き

わたしは体育が好き！

好きなものは人それぞれ

友だちや家族などの身近な人でも、好きなものや興味のあるものがちがうのは当たり前。すべてがまったく同じという人はいないよ。ちがいを否定せず、自分の気持ちも相手の気持ちも大切にしよう。ちがいが多くても、仲良くすることはできるよ。

みんなが好きな
アイドルグループ、
わたしはあまり
興味ないな

みんなが
好きなものでも……？

多くの人が好きで人気のあるものでも、それが苦手な人はいるよ。それは決して変なことではないんだ。自分だけまわりとちがうと不安になるかもしれないけれど、無理に合わせる必要はないよ。

ぼくは
深海生物が
好き！

みんなと同じ方が安心だから、合わせなくてはと思ってしまうことも自然なこと。でも無理に合わせて苦しまないでね。

話を聞いていたら、
わたしも深海生物に
興味がわいてきたよ！

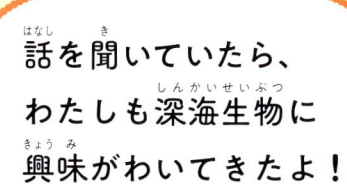

他人の「好き」を
好きになることも

自分は興味のなかったことでも、相手の好きなものを知ると、自分もだんだん興味がわいてくることもあるよね。相手の好きなものをいっしょに楽しむことで、自分の世界が広がることもあるんだ。

多くの人が共感することだと「みんなこう思うのがふつうだ」「こう思わないのはおかしい」などと決めつけられてしまうこともあります。しかし、どんなときにどんな気持ちになるかや、どんなことを良いと思うかも人それぞれです。

大人数で遊ぶのは楽しい！わくわくする！

たくさん人がいると緊張しちゃう

いろいろな感じ方

友だちとの楽しいおしゃべりでも、人それぞれいろいろな感じ方があるよね。どんなときにどんな気持ちになるかに正解はないよ。自分の本当の気持ちを大切にしてね。

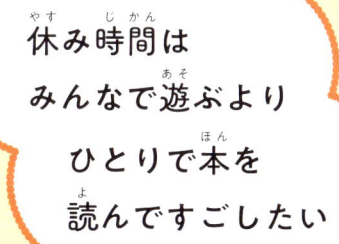

休み時間より
授業時間の方が
好きだなあ

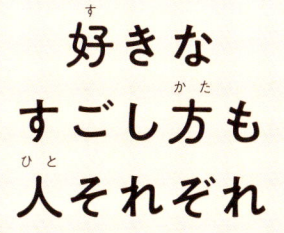

休み時間は
みんなで遊ぶより
ひとりで本を
読んですごしたい

好きな すごし方も 人それぞれ

人それぞれ、自分の好きなすごし方があるよね。自由な時間があるときは、どうやってすごすのか自分で決めて大丈夫。ひとりでいてもいいし、友だちといてもいいよね。

信頼できる
友だちがひとり
いれば十分だな

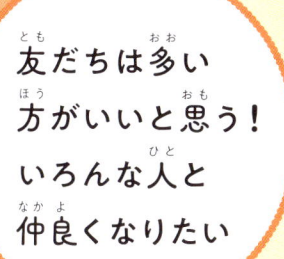

友だちは多い
方がいいと思う！
いろんな人と
仲良くなりたい

相手の「好き」を 否定しない

相手の好きなものが自分の苦手なものでも、その人の「好き」という気持ちを否定しないようにしよう。自分の意見も、相手の意見も大切にしようね。

考えよう！
自分の好きなものがほかの人とちがっていたらどうする？

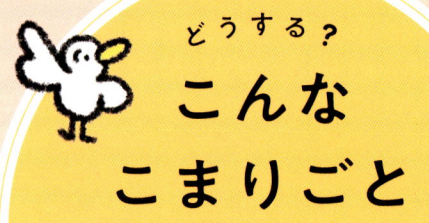

こんな こまりごと

どうする？

好きなもののちがいによって
起きているこまりごとを読んで、
どうしたらいいのかみんなで
考えてみよう！

Ａさんのこまりごと

運動や団体行動がすごく苦手なんだけど、もうすぐ運動会があるんだ。クラスのみんなは盛り上がっているし、先生は「みんなでがんばりましょう」って言うし……。参加するの、すごくつらいなあ。参加しなくちゃだめなのかな。

みんなの意見を聞いてみよう

参加できそうなところだけ参加してみるのはどうかな。参加するうちに、思っていたより楽しいって思うかもしれないし。ただ、やっぱりつらいと思ったときには休めるように準備もしておきたいね。

運動会のどんなところがつらいのか、くわしく教えてほしいな。それがわかれば、そのつらいところをつらくないようにする工夫ができそう！　Ａさんが参加したいと思える運動会にすることはできないかな？

運動会は学校の授業のひとつだから、かんたんには休めないよね。でも、家族や先生に正直な気持ちを話してみてもいいんじゃないかな。

野口先生 からの アドバイス

今の学校は、みんなで一緒に行動する行事や活動が「ふつう」だよね。その「ふつう」でもこまらない人もいるけれど、Ａさんのようにこまっている人もいるよ。大切なのは、今の運動会の形にＡさんががまんして無理やり合わせるのではなく、今の運動会をどのように変えたら、Ａさんもほかの人も楽しく参加できるのか、を考えることだよ。赤と白にわかれて競うこと、競技の種類、練習の時間など、変えられることはたくさんありそうだね。

多様性を知ろう

男の子・女の子の ちがい

男子のノリに
合わせなきゃ！
変だと思われ
たくないし

男のぼくが
リードしなくっちゃ！

女の子だって
たくさん動けるよ

大好きな
ピンク色の服を
着ていると元気が
出てくる！

「男の子」「女の子」と聞くと、
それぞれどんなイメージを思い浮かべるかな？
でも、きみのまわりにいる人はそのイメージに
ぴったりあてはまる人ばかりじゃないはず。
いろいろな性のあり方のちがいについて見てみよう。

2 男の子・女の子のちがい

「男の子の色」「女の子の色」はない

赤やピンクが好きな男の子や、青や黒が好きな女の子もいるよ。性別にふさわしい色の決まりはないし、好きなものは人それぞれなんだよ。

たとえば、「男の子は青や黒が好き」「女の子は料理が得意」など、多くの人が「男の子、女の子はこうあるのがふつう」という性別に対するイメージをもっています。このような、社会や文化のなかでつくられた性別のことを「ジェンダー」といいます。わたしたちは、幼いころから無意識のうちにジェンダーのイメージをすりこまれているのです。

ジェンダーのイメージの例

女の子	男の子
● かわいいものが好き	● かっこいいものが好き
● 赤やピンク	● 黒や青
● スカート	● ズボン
● おしとやか	● わんぱく
● 泣き虫	● 元気いっぱい

しかし、実際は「男の子」や「女の子」というだけで、好きなものや性格、得意なことを決めることはできません。

わたしは青色が好き！

ぼくは悲しい
ことがあると
すぐに涙が
出ちゃうんだ

「男らしさ」「女らしさ」じゃなくて、「自分らしさ」を大切にできるといいよね。

服装や髪型は自分らしく

服装や髪型も、ジェンダーによって影響を受けやすいもののひとつ。だけど、男の子らしさや女の子らしさのイメージにとらわれる必要はないんだ。服装やしぐさなどで自分をどのように表すかという性を「表現する性」というよ。

イメージのおしつけはやめよう

おとなしくて涙もろい男の子もいるし、わんぱくで元気な女の子もいるよ。でも、多くの人がもっている「男の子らしい」「女の子らしい」のイメージをおしつけられることがある。それによって苦しむ人がいたり、差別や不平等につながったりするんだ。

自分は、
スカートより
ズボンが好き！

男の子らしさや女の子らしさをおしつけられて、いやな気持ちになったことはないかな？

31

ぼくは、
かわいいものが
好き！ お化粧も
してみたいな

ぼくの好きな
教科は家庭科。
手芸も料理も
得意だよ！

将来の夢だって自由でいい！

保育士やキャビンアテンダントは女性、大工や消防士は男性など、職業のなかには女性が多いものや男性が多いものもあるね。「この職業は女性向き」だと思いこんだり、性別による向き不向きを決めつけてしまったりして、職業をえらぶときにもジェンダーが影響していることがあるんだ。だけど、性別にしばられることなく、自分のやりたいことやなりたい職業を見つけることが大切だよ。

興味や得意も人それぞれ

「男の子はかわいいものに興味がない」「女の子の方が料理が得意」などといわれることもあるけれど、興味のあることや得意なことも、人それぞれだよね。性別によっては決められないよ。

わたしは、
消防士に
なる！

ぼくは、将来
キャビンアテンダントに
なりたいんだ！

ここまで、「男の子」と「女の子」で説明してきましたが、そもそも性別は男性と女性の2つの性だけで表せるものではありません。さまざまな性のあり方を「セクシュアリティ」といいます。セクシュアリティは、人それぞれ微妙にちがい、年齢や経験によって変わることもあります。

ぼくの
からだは
男だな

わたしの
からだの性は
女性だよ

からだの性って？

生まれたときの性器の見た目などで、男性か女性かの性が割り当てられるよ。これを「からだの性」というよ。また、目には見えないからだのなかのホルモンの働きも男性と女性とではちがうんだ。

からだの性が男性の場合、大人になるとひげがこくなったり、声が低くなったりと、からだが変化するよ。
からだの性が女性の場合、大人になるにつれて、生理がはじまったり、からだがふっくらしてきたりと、からだが変化していくよ。

からだの性が男性か女性かでわけられても、人それぞれちがいはあるから、だれ一人として、まったく同じからだの人はいないよ。

わたしのからだは、
男性と女性の
どちらにも
わけられないんだ

どちらにもわけられない
からだの性

からだのつくりが男性か女性かに決められない人もいるよ。これを「DSD（性分化疾患）」というんだ。生まれてすぐ DSD だとわかる人や、思春期や大人になってから DSD だとわかる人など、からだの状態も人それぞれ。からだを男性か女性かのどちらかに合わせる治療や手術をする人もいれば、そのままで生きていくことをえらぶ人もいるよ。

ぼくのからだの
性は男性で、
自分のことを
男性だと思ってる

ぼくのからだの性は
女性だけど
自分のことを男性だと
思っているよ

こころの性って？

自分の性別をどうとらえるかを「こころの性」というよ。からだが男性で、自分のことを男性と思っている人など、からだの性とこころの性が同じ人のことを「シスジェンダー」というよ。

わたしは自分のことを男性でも女性でもないと思っているの

わたしは自分が男性か女性かよくわからないから決めたくないと思っている

からだとこころがちがうことも

からだのつくりは女性で、自分のことを男性だと思っている人など、からだの性とこころの性がちがう人のことを「トランスジェンダー」というよ。からだの性とこころの性がちがうことに気づく時期は人それぞれ。また、どのくらい違和感を覚えるかも人によってちがうんだ。

こころの性に合わせて、からだや生活する上での性別を変えている人もいるよ。

学校や社会では、からだの性で「男性」か「女性」かをわけられることが多いよ。そうすると、からだの性とこころの性がちがう人は、こまってしまうこともあるんだ。

性別を決めない

自分自身のことを、男性か女性のどちらかに決めていない人や決められない人もいて、そのような人のことを「X ジェンダー」というよ。「男性でもあるし、女性でもある」人や、「男性と女性の中間にいる」人など、人それぞれだよ。

ぼくは、日によって性別がゆれうごいているよ

考えよう！

自分の性はなんだと思う？

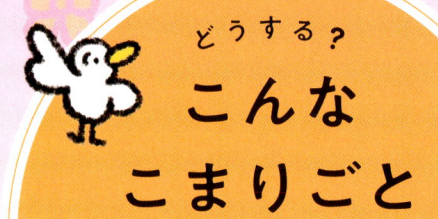

どうする？ こんなこまりごと

ジェンダーのおしつけによって起きているこまりごとを読んで、どうしたらいいのかみんなで考えてみよう！

Ｂさんのこまりごと

つらいことや悔しいことがあったとき、泣いていると、お父さんに「男の子なんだから泣くな」とか「男のくせに！」って言われちゃう。男の子だったら泣くのをがまんしなきゃいけないのかな？

みんなの意見を聞いてみよう

ぼくだったら、「そういう風に言うのはやめて」って、はっきり言うよ。一度、言ってみて相手がわかってくれるといいんだけど……。

お父さんも同じように「男の子なんだから……」ってジェンダーをおしつけられてきたのかもしれないね。だから、それが当たり前と思っているのかも。泣くのに男も女も関係ないよって教えてあげたらいいんじゃない？

男の子だって、つらいときは泣いたっていいよね。無理して強くいようとしなくてもいいと思うよ。わたしも、お母さんから「女の子なんだから……」、といろいろ言われることがあるけど、わたしはわたしだし、気にしないようにしているよ。

野口先生からのアドバイス

まわりの大人たちやテレビ番組や街中の広告も、まだまだジェンダーをおしつけていて、それが「ふつう」になってしまっているよ。変えていかなければならないね。つらい思いをまわりの人に伝えるのは勇気がいるよね。こうやって伝えてくれたことで、まわりの人も「たしかにそれはおかしいな」と気づくことができるよ。まわりの人は、聞くだけじゃなくて、いっしょに「おしつけるのはおかしいよ」とさらにまわりの人に伝えていくことで社会は変わるよ。

多様性を知ろう

3

好きになる性のちがい

前は男の子が
好きだったけど、
今はFちゃんが
好きだなあ

好きになる性の川

Cちゃんと手を
つなぎたいなあ

いつも笑わせて
くれるJくんって
すてきだな

好きな人が
ほしいなあ

恋人同士というと、どんな人たちをイメージするかな?
男性と女性のカップルをイメージする人が多いかな。
だけど、本当はいろいろなカップルや
いろいろな恋の形があるし、恋をしない人もいるよ。

好きになる性のちがい

2章では、からだとこころの性、そして見た目や言動などで表す性（表現する性）のちがいをみてきましたね。ここでは、もうひとつの性のあり方、「好きになる性」を知りましょう。どんな性の人を好きになるか、どんな性の人に性的な気持ちをもつかという性のあり方です。

- **表現する性**…服装やしぐさ、言葉遣いなど、自分をどのように表すか。
- **からだの性**…生まれたときにからだのつくりでわけられる性。
- **こころの性**…自分が自分の性別をどうとらえているか。性自認ともいう。
- **好きになる性**…どんな性の人を好きになるか。

わたしは
男の子を好きに
なるよ

ぼくは
女の子が
好き

自分とちがう性別の人が好き

男性が女性を好きになったり、女性が男性を好きになったりするなど、異性に対して恋愛感情や性的な感情をもつことを、「ヘテロセクシュアル（異性愛）」というよ。

社会では、ヘテロセクシュアルの人が多いから、これが当たり前や「ふつう」だと思ってしまっている人も多いんだ。だけど、実際はそうじゃないんだよ。

ぼくは男の子を
好きになるよ

自分と同じ性別の人を好きになる

自分と同じ性別の人に恋愛感情や性的な感情をもつことを、「ホモセクシュアル（同性愛）」という。そのなかでも、男性の同性愛者を、ゲイというよ。また、テレビなどでは女性の服を着て特徴的な言葉遣いをするゲイの人もいるけれど、実際には見た目や話し方だけでは、判断できなくて、いろいろな人がいるよ。

わたしは女の子を
好きになるよ

同性愛者のなかでも、女性の同性愛者のことを、レズビアンというよ。ただし、レズビアンの人にもいろいろな性のあり方の人がいるから、見た目などでは判断できないよ。

わたしは男の子も女の子も
どちらも好きになるんだ

どちらの性別も好きになる

男性と女性のどちらのことも好きになることを「バイセクシュアル（両性愛）」という。ただし、同時に男性と女性を好きになる人、ということではないよ。

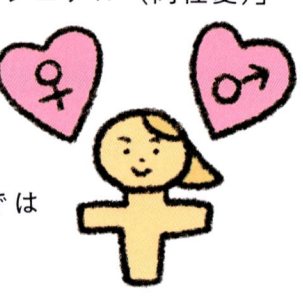

好きになった人が好き

相手の性のあり方に関係なく恋愛感情をもつことを「パンセクシュアル（全性愛）」という。バイセクシュアル（両性愛）と似ているけれど、パンセクシュアルは「好きになった人が好きなので性別は関係ない」や「相手がどんな性別でも好き」と感じるなど、そもそも相手の性別を意識していないんだ。

わたしは、好きになるのに性別は関係ないかな

好きになる性は、その人自身が決めるもの。だから、感じ方やとらえ方にちがいがあって当たり前なんだ。

ぼくは、恋愛に
まったく興味がない

わたしは、だれも
恋愛対象として
好きにならないよ

だれのことも
好きにならない

だれにも恋愛感情をもた
なかったり、性的な気持
ちを抱かなかったりする
人もいて、「アロマンティック」や「アセクシュアル」
と呼ばれるよ。ただし、愛情をまったくもたないと
いうことではなく、友だちや家族、ペットなどを大
切に思う気持ちなどはもっている人もいるよ。

前は男の子が
好きだったけど、今は
女の子が好きだよ

まだだれかを好きに
なったことはないから、
どんな人が好きかは
わからないな

好きになる性が
変化することも

前は異性が好きだったけど今は同性を好きに
なるなど、好きになる性が変化する人もいる
よ。性のあり方は、生まれてからずっと同じ
というわけではないんだ。また、自分の好き
になる性がはっきりわからない人もいるよ。

考えよう！

自分の
好きになる性は
どうかな？

どうする？ こんな こまりごと

好きになる性のちがいによって起きているこまりごとを読んで、どうしたらいいのかみんなで考えてみよう！

C さんのこまりごと

よく、友だちから「好きな男子はだれ？」とか「彼氏いる？」って、聞かれるんだけど……。わたしは女の子が好きで、それをだれにも言っていないから、いつもどうやって答えたらいいのか、こまっちゃう。

みんなの意見を聞いてみよう

恋バナは楽しいけれど、苦しい気持ちになる人がいるのなら気をつけないといけないね。聞く方も「好きな男子はだれ？」じゃなくて、「好きな人はいる？」や「恋人はいる？」って、言葉を少し変えてみた方がいいね。

「好きな男子はいないけど、好きな女子ならいるよ」って、はっきり言っていいと思う。異性愛が当たり前じゃないって、聞いた相手も学べるんじゃないかな。

無理に答えなくてもいいんじゃないかな。ぼくなら、だれが好きかを答えずに、「そういう話は苦手なんだ」って言うかも。

野口先生からのアドバイス

「女性は男性を好きになる」という異性愛が「ふつう」で、異性愛者を中心につくられた社会だから、C さんはこまっているんだね。そして、恋愛の話をすることが「ふつう」になっているけれど、それがいやな人もいるよね。恋愛の話をするときに、まずは「恋愛の話をしてもいいか」と相手に聞くのも良いね。いやなときは「その話はしたくない」と伝えていいんだよ。恋愛の話をするときは、いろんな恋愛の形があることをふまえて話そう。

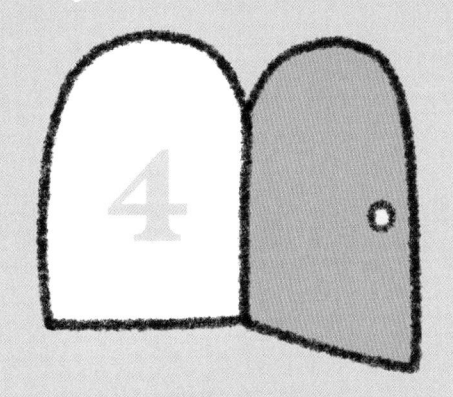

多様性を知ろう

4

からだの
はたらきの
ちがい

47

4

からだの
はたらきの
ちがい

からだや脳などが多くの人とはちがうはたらきをしていて、日常生活をおくるのにこまりごとがある状態を「障害」といいます。今の社会の仕組みは、目が見える、歩いて移動するなどの多くの人のからだや脳のはたらきに合わせてつくられているため、そうではない人にとっては不便です。

からだの動きのちがい

生まれつきからだのつくりが多くの人とちがっていたり、病気やけがによって、からだの動きが多くの人とちがう人がいるよ。今の社会で日常生活でのからだを使った動きがむずかしい障害を「肢体不自由」というよ。足で歩いて移動するのではなくて、車いすやつえを使う人もいれば、ものをつかむときに自分の手でつかむのではなく、道具を使ったり、ほかの人にとってもらったりする人もいるよ。

ぼくは
車いすを使って
移動するよ

48

ぼくは
義足を使って
歩くよ

足や手の代わりになる道具がある

足や手に「義足」や「義手」というものをつけて生活をしている人もいるよ。義足とは、生まれつき足の一部がない人や、けがや病気で足を失った人が立ったり歩いたりするために装着する人工の足。義手は、人工の手のこと。義足や義手をつけて、走ったり、泳いだりする人もいるんだ。

話し方や発音のちがい

声を出すためのからだの一部がまひしていて、話すスピードや発音が多くの人とちがう人もいるよ。自分の声ではなく、機器やスイッチを使って話す人もいるよ。

おはよう
ございます

ぼくはゆっくり
としか話せない

多くの人と話し方がちがうと、話を聞いてもらえないこともある。そういう場合は、どんな気持ちになるのかな。

ぼくは点字で
文字を読むよ

見え方のちがい

目が見えなかったり、見えにくかったりする障害を「視覚障害」というよ。視覚障害のある人には、まったく見えない人やぼんやりとだけ見える人、一方の目だけ見える人など、さまざまな人がいるんだ。視覚障害のある人には、白杖というつえを使って、点字ブロックを確認しながら歩いたり、盲導犬と移動したりする人もいるよ。文字を読むときには、点字という字を手で読み取ることもあるよ。

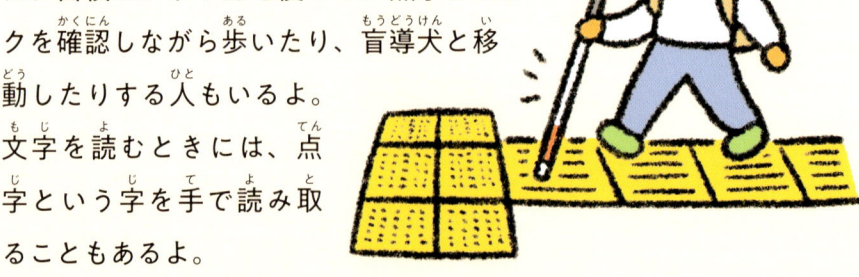

わたしは
赤色と緑色の
ちがいが
見わけづらいの

色の見え方のちがい

多くの人と色の見え方がちがう人がいるよ。色によって見える色と見えづらい色があったりするんだ。これを色覚障害というよ。たとえば、色覚障害があると赤色とみどり色の組み合わせは区別しづらいと言われているよ。

見えにくい色
で書かれた文字
は、読むのがむ
ずかしいかもし
れないね。

わたしは手話で話すんだ

聞こえ方のちがい

音や人の声が聞こえなかったり、聞こえにくかったりする障害を「聴覚障害」というよ。まったく聞こえない人や、音がなっているのはわかるけれど話している内容はよく聞こえない人、一方の耳だけ聞こえにくい人など、さまざまな人がいるよ。手や表情を使って話す言語である「手話」で話す人もいるよ。

「うれしい」

いろんな道具やコミュニケーションの方法

耳につけて音を聞き取る助けをする「補聴器」という器具を使って、音や声を聞き取るという人もいるよ。
補聴器を使うほかにも、手話で話したり、紙や手のひらに文字を書いたりなど、さまざまな方法でコミュニケーションをとっているよ。

わたしは補聴器をつけて聞き取っているよ

心臓や呼吸器など、からだの内部に障害があり、外見からは障害のあることがわかりにくい人もいます。からだのなかに障害があることを、「内部障害」といいます。

心臓に障害があって、ペースメーカーをつけているよ

ぼくは、おなかに人工のぼうこうをつけているよ

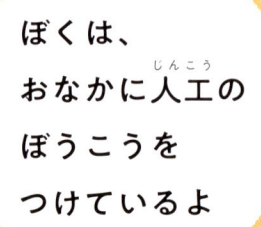

心臓が動くのを助ける機器を入れている

心臓に障害があるのは「心臓機能障害」というんだ。心臓機能障害がある人のなかには、心臓が規則正しく動くのを助ける「ペースメーカー」という機器を胸の中にうめこんでいる人もいるよ。

おしっこやうんちは人工ぼうこうでする

おしっこをためるぼうこうや、うんちをためる直腸に障害があり、おしっこやうんちを出すのがむずかしかったり、がまんすることができなかったりする人もいるよ。その場合、人工のぼうこうをからだにつけて、おしっこやうんちを出す人もいるんだ。

呼吸を助ける機器を使っている

肺の呼吸するはたらきに障害があって、呼吸をするのがむずかしい人もいるよ。なかには、つねに鼻にチューブをつけて、酸素ボンベを持ち歩いている人もいるよ。

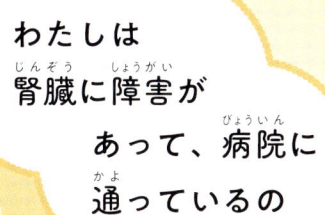

わたしは腎臓に障害があって、病院に通っているの

ぼくは呼吸器をつけているんだ

腎臓のはたらきにちがいがある

腎臓とは、血液をろかして、からだのなかのいらない老廃物や塩分、水分などをおしっことして、からだの外へ出してくれるはたらきをしている器官。その腎臓がうまくはたらかないという障害がある人もいるよ。その場合、からだのなかにいらないものがたまっていってしまうので、病院で治療している人もいるよ。

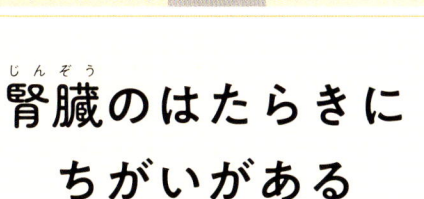

障害のほかにも、治すのがむずかしかったり、日常生活をおくるうえで影響があったりする病気にかかっている人もいます。
病気の種類はさまざまで、それによりどんな症状がどれくらい出るかも、人によってちがいます。風邪や頭痛など、いっときの症状とはちがい、ずっとつきあっていかないといけない病気もたくさんあります。

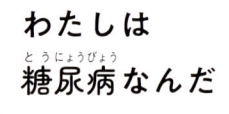

わたしは糖尿病なんだ

ごはんの前に注射が必要な場合も

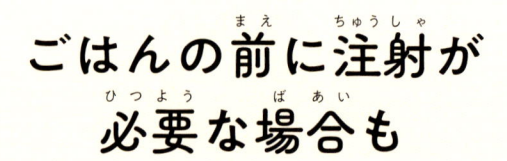

糖尿病という病気になると、何度もトイレに行きたくなったり、よくのどがかわいてお水をのみたくなったり、つかれやすくなったりすることがあるよ。糖尿病の人のなかには、ごはんを食べる前に、かならず注射を打つ人もいるんだ。

学校にいるときも注射をしなくちゃいけない人がいるよ。そうしないと、命にかかわることもあるんだ。

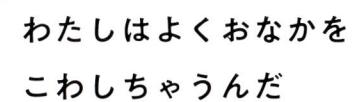

わたしはよくおなかを
こわしちゃうんだ

おなかをこわしやすい
病気や体質

病気や体質によって、よくおなかがいたくなったり、よくトイレに行きたくなったりする人もいるよ。病気だけでなく、緊張やストレスによって、その症状が出る人もいるんだ。

病気で体育や
行事への参加が
むずかしい人も

病気ではげしい運動ができなくて、体育の授業や遠足などの学校行事に参加するのがむずかしい人もいるよ。また、よく体調が悪くなってしまい、保健室に行ったり学校を休んだりしなければいけない人もいるよ。

わたしはたくさん
運動するのが
むずかしいの

ぼくは
病気の影響で
よく熱が出て
学校を休むよ

考えよう！

障害や
病気によってどんな
こまりごとが
あると思う？

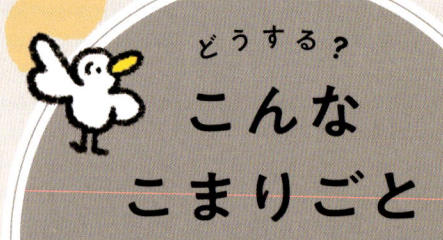

こんな こまりごと

どうする？

からだのはたらきのちがいによって起きているこまりごとを読んで、どうしたらいいのかみんなで考えてみよう！

D さんのこまりごと

ぼくは、病気でからだがつかれやすくて、少し動くだけで、だるくなったりするんだ。だから、体育の授業に参加するのはすごく大変。でも、見た目ではわかりにくいから、このまえ、「きつい体育だけ休んでる」とか「サボっていてずるい」って言われちゃった。

みんなの意見を聞いてみよう

病気の人だけじゃなくて、参加したくないときや休みたいときは、だれでも休めるようなルールにするのはどうかな。そうすれば、みんな自分で参加するかどうかを決められるから、いやなことを言ってくる人は減るんじゃない？

わたしだったら、自分の病気のことは、仲の良い人以外には知られたくないな。仲良しの友だちにだけ話して、「サボっているわけじゃないんだよ」と、いっしょに言ってもらうのはどうかな？

自分はこんな病気なんだって説明をして、わかってもらう方がいいんじゃないかな。一人ひとり説明するのは大変だから、先生に授業とかで話してもらうのがいいんじゃない？

野口先生からのアドバイス

D さんのように、病気や障害でからだがつかれやすい人もいるし、病気や障害はなくても、からだのつかれやすさは人それぞれだよね。毎日学校に行っても全然つかれない人もいれば、一日学校に行くだけでつかれ果ててしまう人もいる。だから、人によってつかれやすさはちがうということをみんなが知る機会があるといいよね。休むことは悪いことではないし、必要な時に必要なだけ休むことの方が大切だよ。

多様性を知ろう

5

ルーツや
文化の
ちがい

5 ルーツや文化のちがい

現在、日本には外国にルーツをもつ子どもたちがたくさん暮らしています。両親がどの国・地域の出身かどうかや、その人自身が生まれた国や育った国、話す言葉などは、人それぞれです。また、日本に来た理由や暮らしている理由もさまざまです。

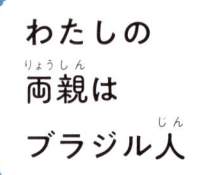

わたしの両親はブラジル人

ぼくのお父さんはアメリカ人で、お母さんは日本人だよ

両親、または両親のどちらかが外国出身

両親どちらも外国出身で、日本で暮らす人もいるよ。また、両親のどちらかが外国出身という人もいる。そのような人のなかには、外国の名前をもつ人や、外国の名前と日本の名前をもつ人など、さまざまいるよ。

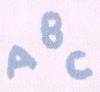

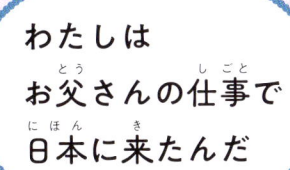

わたしは
お父さんの仕事で
日本に来たんだ

両親の仕事で日本にやってきた

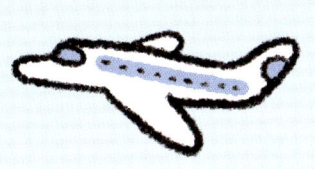

両親の仕事のために、両親といっしょに日本に来て暮らす人もいるよ。そのまま、しばらく日本で暮らす人もいれば、すぐに生まれた国に帰る人もいる。また、日本と外国を何度も行ったり来たりする人もいるんだ。

おじいちゃんとおばあちゃんは韓国人で、ずっと日本で暮らしているんだ

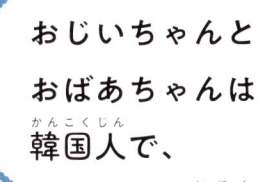

ずっと日本で暮らしている

おじいさんやおばあさんの代やその前の代から日本にずっと暮らしていて、日本で生まれ育った人もいるよ。そのなかには、本名とは別に、日本語の名前を登録して生活している人もいるんだ。

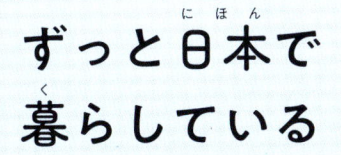

日本で生まれ育ったのに「どこから来たの？」と言われると悲しいな

どうして本名ではない日本用の名前を使うのだと思う？　本名だとこまることがあるのかな？

世界にはさまざまな言葉や文化、宗教があります。そのため、どんな言葉を話すかや何の宗教を信じるかなども人それぞれです。しかし、そのちがいが当たり前になっていないことによって、苦しい思いをしたりこまったりする人たちもいます。また、見た目だけで、「きっと○○にちがいない」と勝手なイメージを持たれてしまうこともあります。

わたしは、日本語は少しだけわかるよ

日本語は勉強中だからしゃべり方をまねされると悲しいな

日本語は少しだけ話す

学校には、日本語が話せない人もいるよ。日本語がまったくわからない子も、少しだけわかる子もいる。でも、今の学校は日本語で授業が進むことが多いから、授業がわからなくて大変だったりするんだ。そのため、日本語を教えてくれる先生がいたり、日本語を学ぶための教室があったりする学校もあるよ。

学校（がっこう）では日本語（にほんご）を
話（はな）すけど、家（いえ）では
ポルトガル語（ご）を話（はな）すよ

いろいろな言葉（ことば）を話（はな）す

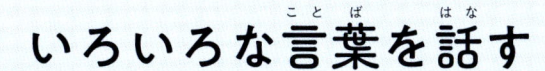

学校生活（がっこうせいかつ）では日本語（にほんご）を使（つか）って、家（いえ）など
では家族（かぞく）と外国語（がいこくご）を話（はな）す人（ひと）もいるよ。
ただし、それぞれの言葉（ことば）をどれくらい
話（はな）せるかどうかも人（ひと）によってちがうん
だ。むずかしい日本（にほん）
語（ご）は理解（りかい）できない場合（ばあい）や、家（か）
族（ぞく）が話（はな）す外国語（がいこくご）がわからない
場合（ばあい）もあるんだよ。

お父（とう）さんが外国人（がいこくじん）
だけど、わたしは
日本語（にほんご）しか話（はな）さないよ

お父（とう）さんの話（はな）す言葉（ことば）が
わからなくて
こまることもあるんだ

見（み）た目（め）だけでは話（はな）す言葉（ことば）はわからない

家族（かぞく）が海外（かいがい）にルーツがあっても、幼（おさな）いときに日本（にほん）に来（き）ていたり、生（う）まれ
も育（そだ）ちも日本（にほん）だったりして、日本語（にほんご）しか話（はな）さない人（ひと）もいるよ。しかし、
肌（はだ）の色（いろ）や髪（かみ）の色（いろ）などから、外国（がいこく）の言葉（ことば）を話（はな）すと
思（おも）いこまれてしまい、いやな
気持（きも）ちになる人（ひと）もいるんだ。
見（み）た目（め）だけでは、どんな言葉（ことば）
を話（はな）すかや、その人（ひと）がどんな
人（ひと）かはわからないんだ。

食べられないものがある

信じている宗教によっては、食べてはいけないものやしてはいけないことが決められていることがあるよ。たとえば、イスラム教では、「豚肉を食べていけない」という教えがあるんだ。決して、きらいだから食べないわけではないんだよ。

食べてはいけない食品が給食で出ないように、学校がちがうメニューを用意する場合もあるよ。

ぼくは豚肉が食べられないよ

わたしは体育着を着られないの

着る服が決まっている

宗教によっては服装に制限があることもあるよ。たとえば「女の人は肌をかくさなければいけない」という考えの場合、顔や手以外の全身を布でおおわなければいけないんだ。だから、日本の学校で決められている水着や体育着を着られないこともあるんだよ。

わたしは耳に
ピアスのあなを
あけているよ

ピアスをつける
文化がある

子どものころにピアスをつける文化のある国があるよ。日本では、学校の決まりでピアスを禁止していることも多いけれど、絶対にダメと決めつけるのではなく、どうした方がよいのか話し合うことも大切だよ。

考えよう！

そのほかに、ルーツや
文化のちがいで
どんなこまりごとが
あると思う？

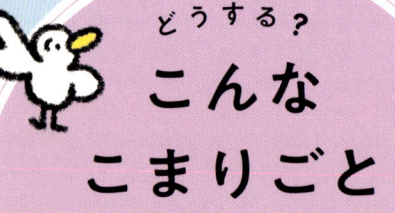
どうする？
こんな こまりごと
ルーツや文化のちがいによって起きているこまりごとを読んで、どうしたらいいのかみんなで考えてみよう！

E さんのこまりごと

ぼくの父は外国出身で、ぼくの見た目も父親似。ただ、生まれも育ちも日本だから外国語は話せないんだ。でも見た目だけで外国語を話すと思われるし、日本語を話すと「日本語が上手だね」と言われて、いつももやもやする。

みんなの意見を聞いてみよう

「日本語が上手だね」と言った相手は、ただほめようとしたのかもしれないね。だから、Eさんがモヤモヤしているとは気づかないんじゃないかな。もし今度そういう場面を見かけたら、「相手は少し傷ついているかも」って、伝えたいな。

日本で生まれ育っているのに、そんな風に言われると、「日本人として認められていない」と感じるよね。次に言われたときは、いやな気持ちになることをしっかり伝えるのはどうかな。

ぼくもEさんに最初会ったときは、「日本語上手ですごい！」って思ったな。見た目だけで「日本語が上手なわけない」と思ったんだと思う。無意識の思いこみには注意しないといけないね。

野口先生 からの アドバイス

「外国にルーツがある人は、日本語が苦手」が「ふつう」だと思っている人はまだまだ多いよね。だから、もしその人の日本語が上手だったら「上手だね」とほめることもある。でも、そのほめ言葉が相手を傷つけている場合もあるんだよ。だから、たくさんの人が、このような決めつけが相手を傷つけるかもしれないと考えることが大切だよ。もしEさんのように傷ついた人は、その場で相手に伝えてもいいし、その場を離れるのもいいよ。

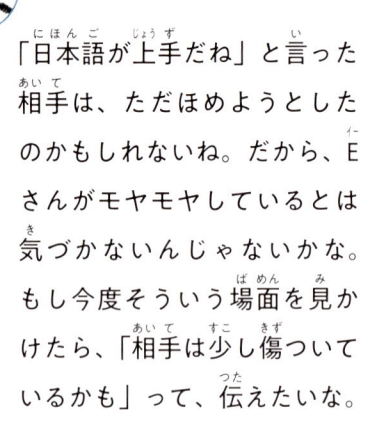
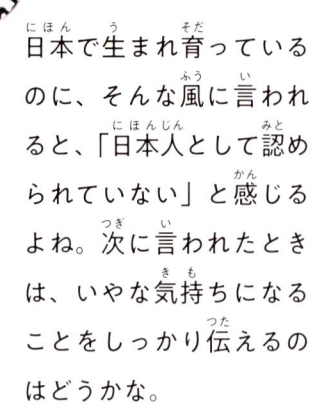

多様性を知ろう

6

家族の
ちがい

6 家族のちがい

家族の人数や家族構成は、それぞれの家族によってちがいます。また、時代によって家族の形も変化しています。どんな家族が「ふつう」なのかはだれにも決められず、家族の形に正解はありません。

お父さんとふたり家族だよ

お母さんはいるけど、お父さんはいないよ

両親とぼくの3人家族だよ

父親、母親、子どもの家族

父親と母親、そして子どものいる家族。家族というと、このような構成の家族をイメージする人も多いかもしれないね。たしかに、これまでの日本ではそのような家族が多かったから、それがふつうの家族と考えられることもあったけれど、決してそれが「ふつう」ということではないんだよ。

親がひとりの家族

両親が離婚したり、どちらかが亡くなってしまったりして、親がひとりだけの家族もあるよ。母親だけの家族を母子家庭、父親だけの家族を父子家庭と呼ぶこともあるよ。

わたしは
きょうだいがいるよ

ぼくは
ひとりっこ

両親ときょうだい、
それからおじいちゃんも
いっしょに
暮らしているよ

兄弟姉妹がいる家族

兄や弟、姉や妹など、兄弟姉妹がいるのかもそれぞれちがうよね。きょうだいがたくさんいて、大人数の家族もあれば、きょうだいがいなくて、ひとりっこという家族もあるよ。

おじいちゃん、おばあちゃんと住んでいる

親やきょうだいのほかに、おじいちゃんやおばあちゃんなどといっしょに暮らす家族もあるよ。昔はおじいちゃんやおばあちゃんといっしょに暮らしている家庭が多かったので、それが「ふつう」だと考えられているときもあったんだ。でもその「ふつう」も時代や環境によって変化しているよ。

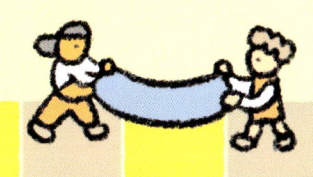

わたしは最近、
新しいお父さんが
できたよ

新しい親や
きょうだいができた

両親が離婚したり、両親のどちらかが亡くなったりしたあと、親が再婚することがあるね。そうして、新しくお父さんやお母さん、きょうだいができることもあるよ。このような家族を「ステップファミリー」というんだ。

同じ親から生まれたきょうだいのように、血のつながりのある家族をもつ人もいれば、血のつながりがない家族をもつ人もいます。

血のつながりがあるから家族というわけではないんだよ。血のつながらない家族でも、深い関係を築く人たちもたくさんいるよ。

ぼくは血の
つながりがない
両親がいるよ

わたしは施設で暮らしているよ

児童養護施設で暮らしている

さまざまな事情で両親（生みの親）といっしょに暮らすことができず、児童養護施設という場所で生活をしている子もいるよ。児童養護施設では、おおむね2歳～18歳の子どもたちがいっしょに生活しているよ。

生みの親と育ての親がちがう

いろいろな事情により、生みの親がその子どもを育てられないとき、ほかの家族がその子どもを引き取って、育ての親としていっしょに暮らしている家族もあるよ。「里親制度」といって、一時的に子どもを預かって家族として暮らしていく制度や、「特別養子縁組」といって、法律上の親子関係を結んで家族として暮らしていく制度などがあるんだ。

ぼくのおばさんは、子どもはもたずパートナーとのふたり家族だよ

わたしは、ペットのインコも家族だと思っているよ

家族構成や人数のほかにも、生活環境や家族の状況にもさまざまなちがいがあります。また、温かく居心地のよい家族の形もあれば、仲が悪くて居心地が悪い家族の形もあるなど、家族の雰囲気もそれぞれちがいます。

ぼくは勉強道具がほしいときも親に頼みづらいんだ……

わたしはほしいものはなんでも買ってもらえるよ

ぼくは月に1000円のおこづかいをもらっているよ

家族ごとのお金の使い方はいろいろ

たとえば、月に5000円のおこづかいをもらう人もいれば、月に500円のおこづかいをもらう人もいる。その家によってどのくらいのお金があるかや、何にお金を使うかはちがうんだ。また、親のお金の使い方によってもその家の暮らしはちがってくるよ。

生活するためのお金が十分にない

なかには家が貧しくて、学校で使う道具や毎日の食事を用意するのがむずかしい家もあるよ。ほかにも、お金がなくて病気になっても病院に行けない、行きたい学校に進学できないなど、家の状況でいろいろなこまりごとを抱えている人もいるんだ。

生活にこまっている人やその家族が生活していくために、国がお金などを給付する「生活保護」という制度もあるよ。

家族の世話をしている

家族に障害や病気の人がいて、その人の世話を大人に代わってしたり、生活するための家事を日常的にしたりする子どももいるよ。そのような子どもを「ヤングケアラー」と呼ぶよ。ヤングケアラーの子どもたちは、友だちと遊んだり勉強したりする時間がうばわれてしまい、ほかの子どもが当たり前のようにやっていることができないことが多いんだ。

ぼくはおじいちゃんの介護をしているよ

わたしは家で病気のお母さんを支えなくちゃいけないの

考えよう！

きみにとっての家族とはどんなもの？

こんな こまりごと

家族の形のちがいによって
起きているこまりごとを読んで、
どうしたらいいのかみんなで
考えてみよう！

Fさんのこまりごと

うちはお父さんがいない、母子家庭。だけど、友だちと家族の話になると、お父さんもいる前提で話してくるんだ。お父さんがいなくても、すごく幸せに暮らしているけれど、そういう話になるたびに少しいやな気持ちになるよ。

みんなの意見を聞いてみよう

うちは両親がいる家庭だから、つい両親がいる前提で話をしちゃったかもしれないな。自分の家族を当たり前と思わずに、まずは相手のことを考えて話をするようにすれば、無意識に傷つけないかもしれないね。

わたしは両親と仲が悪いから、家族の話をされるのがいやなんだ。だから、友だちと家族の話になったときは話題を変えたり、その場から離れたりして、自分の心を守っているよ。Fさんも、そうするのはどうだろう。

ぼくも父子家庭だから気持ちがわかるよ。相手に悪気がなくても、もやもやした気持ちになるよね。「うちはお母さんしかいないんだ」って伝えて、知ってもらう方がいいんじゃないかな。

野口先生からのアドバイス

「家族」イコール「父親と母親がいる」というイメージは、学校の教科書やテレビ番組、広告などでもまだまだ「ふつう」になってしまっているよね。その結果、父親と母親がいることが幸せだと決めつけてくる人もいる。両親がいても幸せと思えない人もいるのに。もし話したくなかったら、家族のことは話さなくてもいいし、その場から離れてもいいんだよ。家族について話すときは、いろんな家族の形があるってことを忘れずに話そう。

多様性を知ろう

7

すごしやすさ
の
ちがい

すごしやすさ
のちがい

ぼくは
他人の気持ちを
「さっする」ことが
苦手なんだ

学校や教室は、さまざまな人がいっしょにすごす場所です。それぞれの人にとっての「ふつう」のすごしやすさはちがいます。そのため、学校の「ふつう」と自分の「ふつう」が合わない人は学校でこまっているのではないでしょうか。また、そのようにこまっている人のなかには「発達障害」という障害のある人もいます。（⇒ 97 ページ）

気持ちは言葉にして
伝えた方がよい人も

コミュニケーションをとるとき、直接言葉にしなくても、相手の気持ちを「さっする」ことを求められることがあるよね。「さっする」ことが得意な人もいれば、言葉で説明した方がわかりやすい人もいるよ。自分の気持ちは言葉にして伝えた方がよさそうだね。

ぼくはみんなと同じ行動じゃなくて自分のペースで動きたいな

自分に合ったペースがある

学校ではみんな同じペースで同じことに取り組むことが「ふつう」だけど、その「ふつう」が合わない人もいるよ。自分のペースで、自分の取り組みたいことをやった方が集中できたり、力が発揮できたりする人もいる。今は、みんながちがうペースで学ぶ授業も増えてきているよ。

人それぞれの工夫がある

何も工夫をしなくてもいろんなことを覚えていられる人もいれば、いろんな工夫が必要な人もいるよ。たとえば、学校の持ちものや宿題などをわすれないように、ランドセルの目立つところにメモをはっておいたり、持ちものにわかりやすい印をつけたりして、工夫をしている人もいるよ。

わたしは覚えるためにいろいろな工夫が必要なんだ

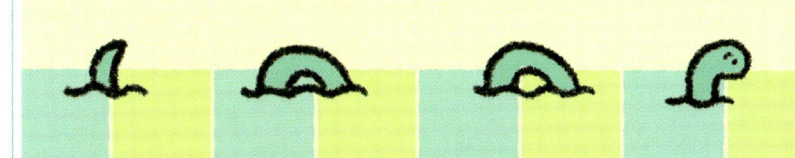

81

自分は思いつきで
行動しがちなんだ

思いついたら
すぐに行動する

考えてから行動する人もいれば、思いついたらすぐに行動をする人もいるよ。ほかの人は勇気が出ないようなことでも、すぐに行動できたりすることもあれば、いきおいのあまり、人が話している途中でもさえぎってしまったりすることもあるんだ。

ぼくは
じっとしている
よりも
動き回りたい！

じっとしているのが苦手

授業中、ずっと座って授業を受けるのがなによりも苦手な人もいるよ。集中して考えるときほど動き回りたくなる人もいるんだ。集中するときは座って静かにしているのが「ふつう」の人もいれば、そうじゃない人もいるんだよね。

わたしは見通しが
あると安心する！

ひとりで落ち着く場所が必要

毎日すごすところが、その人にとってすごしにくい環境だったり、刺激の多い場所だったりすると、たくさんエネルギーを使うからつかれが出てしまいやすいんだ。

そのようなときは、ひとりで休んだり、落ち着いてすごせる場所があったりすると、安心できることもあるよ。

決めた通りに行動したい

決めたことを決めた通りにやることが得意な人もいるよ。そのような人は、これからやることの見通しが立っていなかったり、一度立てた予定が変更になったりすると、不安になることもあるんだ。

ひとりできゅうけい
できる場所があると
安心してすごせるな

人によってパワーを発揮できる環境はちがうから、それぞれに合った環境ですごせるといいよね。

多くの人にとってはこまらない環境でも、人によってはとても居心地が悪く感じることもあります。一人ひとりにとって、すごしやすい環境はちがうのです。

わたしは、太陽の光がまぶしくて苦手なんだ

ぼくは、いろいろな音がする場所はすごしにくいの

音や光を強く感じやすい

耳から聞こえる音や、目で見る光や色、動きなどを、ほかの人よりも強く感じる人もいるよ。このような特性を「感覚過敏」というんだ。たとえば、花火や学校のチャイムなどの大きな音や、そうじ機やエアコンなどの特定の音が苦手な人や、太陽の光がすごくまぶしく感じる人もいるよ。そのような場所にいると体調が悪くなってしまう人もいるんだ。

音に対してびんかんな場合、耳栓やイヤーマフなどを使うと、すごしやすくなる人もいるよ。

わたしは、話すときに言葉がすぐに出ないことが多いんだ

言葉がスムーズに出てこない

「吃音」といって、なかなか言葉が出てこなかったり、話すときに同じ言葉がくり返し出たりする人もいるよ。音によって出やすい音があったり、まわりの人の対応や環境によって話しやすくなったりすることもあるんだ。

お……おはよう！

話せる場所と話せない場所がある

家では話すけれど学校では話しづらいなど、特定の場所だけ話しづらい人もいるよ。このような症状を「場面緘黙」というんだ。話したくても話せない場合もあって、本人もこまっていることが多いよ。話しかけられても返事ができないときもあるけれど、無視をしているわけではないんだ。話せないときは、文字や絵で話を伝えている人もいるよ。

ぼくは、家では話せるのに学校では話せなくなっちゃうんだ

考えよう！

みんながすごしやすい教室ってどんな教室だと思う？

どうする？ こんなこまりごと

すごしやすさのちがいによって起きているこまりごとを読んで、どうしたらいいのかみんなで考えてみよう！

Gさんのこまりごと

ぼくは、そうじや片づけがすごく苦手なんだ。だから学校のそうじの時間には、クラスメイトに「ちゃんとやって！」と言われることが多いけど、どうやっていいのか本当にわからなくてこまってしまうんだ。

みんなの意見を聞いてみよう

クラス全体で「何時までにこれをやる」という目標をいくつか決めてみるのはどうだろう。それに、そうじができない人を注意するときは、「○○を手伝って」などと、してほしいことを具体的に伝えたらいいのかもしれないね。

わたしもそうじが苦手だけれど、やることやする順番を紙に書き出すようにしたら取り組みやすくなったよ。やったことはチェックしておくと、残りは何をすべきなのかが一目でわかって便利だよ。

そうじはだれでもかんたんにできると思っていたな。どうやっていいのかわからないなら、Gさんと同じことをやる人をひとり決めて、いっしょにやるのはどうだろう。

野口先生からのアドバイス

そうじにもいろんなそうじの種類があるし、手順もいろいろあるから、「ちゃんとやって」と言われても、何をやるべきかわからないことってあるよね。Gさんにとってわかりやすいそうじの仕方がどんな方法なのか、研究してみるといいよ。具体的な手順があったらやりやすい、とか、何をどこに入れるのかが写真で示されているとわかりやすい、とか。まわりの人といっしょに工夫を考えると、きっといろんなアイディアがでてくるよ。

多様性を知ろう

8

学びやすさの
ちがい

多様性を知ろう

8

学びやすさのちがい

学校では、みんな同じペースで、同じ内容を同じ方法で学ぶことが多いですよね。けれど、自分に合っている学び方は人それぞれちがいます。今の学校の学び方が合わない人のなかには、「学習障害」という障害のある人もいます。

ぼくは文字を書くよりもタイピングしたいな

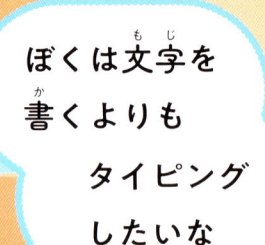

文字を書くのが得意ではない

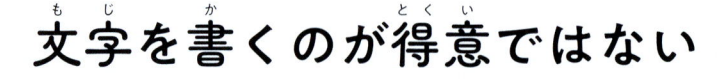

文字を書くことが苦手だったり、書くことでものすごくつかれてしまったりする人もいるよ。自分では正しく書いているつもりが、ちがう形になってしまったり、大きさや形がバラバラになってしまったりする場合もあるんだ。自分に合っている文房具を使ったり、パソコンやタブレットを使ったりすることで学びやすくなる人もいるよ。

わたしは
音声読み上げ機能で
文字を読むんだ

文章は聞いて理解したい

文字の形と音がつながりづらくて、文字を読むのにとても時間がかかる人もいるよ。たとえば、文章を読んでいると文字を抜かしてしまったり、短い数式でもとてもつかれてしまったりするんだ。その場合、タブレットの音声読み上げ機能を使って耳から文章を聞くと、読むことよりもつかれないし、理解しやすい人もいるよ。

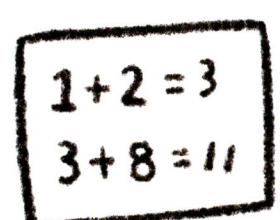

$$1 + 2 = 3$$
$$3 + 8 = 11$$

同時に「聞く」と「書く」は無理！

授業の中で先生が言ったことを聞きながらノートに書く場面って結構あるよね。けれど、聞くことと書くことを同時におこなうことがむずかしい人もいるよ。その場合、聞く時間と書く時間をわけたらできることもあるんだ。

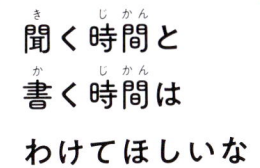

聞く時間と
書く時間は
わけてほしいな

自分は計算が
すごく苦手なんだ

ぼくは自分に合った
定規やコンパスを
使っているよ

マス目の大きな計算ノートを使いたい

どんなにかんたんなものでも、計算がとてもむずかしく感じる人もいるよ。計算の手順がわからなかったり、計算している途中でわからなくなってしまったりする人もいるんだ。ほかの教科はわかるんだけど、計算だけがむずかしいんだ。計算の手順を示す手順書を手元に用意したり、マス目の大きな計算ノートを使ったりして工夫が必要な人もいるよ。

暗記をする
ためには
いろいろな工夫
が必要なんだ

自分に合った道具を使いたい

えんぴつや消しゴム、定規やコンパスなどみんなが当たり前のように使っている道具が使いづらい人もいるよ。いろんな文房具があるから、自分に合っているものを見つけることがおすすめだよ。

不器用だから家庭科や図工の授業は苦手なの

細かい作業は自分のペースでしたい

家庭科や図工は手先を使った細かい作業が多いから、思うように手先を動かすことがむずかしい人もいるよ。その人に合ったペースややり方、工夫を考えられるといいよね。

覚えるには工夫が必要

学校では暗記をしなければならないことがたくさんあるよね。だけど、暗記がすごく苦手でいろいろな工夫が必要な人もいるんだ。たとえば、漢字を覚えるときは漢字を分解したり、絵と結びつけて覚えたりする人もいる。ほかにも、数字を覚えるときは語呂合わせで覚えるなど、いろいろな覚え方の工夫があるよ。

たとえ上手にできなくても、さいほうや工作が好きで楽しんでいる人もいるよ。上手か下手かではなく、その人が楽しい気持ちを持てればいいよね。

人前で発表する
前にたくさんの
準備が必要なんだ

緊張が人より
強い人もいる

人前で発表するのって緊張するよね。その緊張が強い人も弱い人もいる。だから事前に準備がたくさん必要な人もいれば、あまり必要じゃない人もいるんだ。

運動は苦手
だから少しずつ
がんばりたいな

運動は自分に合った
目標でがんばりたい

筋肉の量や、からだを動かす力は一人ひとりちがうよ。からだを思うように動かすことがむずかしい人もいるんだ。みんなが同じペースで同じように運動できるわけではないから、一人ひとり自分に合った目標やペースで運動ができるといいね。

学校の算数、
ぼくにはかんたん
すぎるんだ

多くの人と比べて
何かに才能がある

生まれつき、多くの人と比べてものすごく得意なことがある人もいるよ。たとえば、幼いころから、むずかしい勉強を理解していたり、高い記憶力をもっていたり、芸術的な表現力を発揮したりと、人によってその才能もさまざまなんだ。

これまで見てきたように、どんなすごし方や学び方が自分に合っているかは、その人によってちがいます。もし、みんなと同じ学び方やすごし方がむずかしいと感じたときには、無理して合わせようとせず、自分に合った方法をさがしてみましょう。また、こまりごとを先生やまわりの人に相談したり、「こういう方法ならやりやすい」と伝えてみたりするのもよいでしょう。

考えよう！

みんなが学びやすいようにするには、どうしたらいいと思う？

どうする？ こんなこまりごと

学びやすさのちがいによって起きているこまりごとを読んで、どうしたらいいのかみんなで考えてみよう！

わたしは字を書くのがすごく苦手で、人よりも時間がすごくかかってしまうの。だから、授業中に先生が書いた黒板の文字をみんなと同じスピードで写すことができなくて、いつもあきらめちゃうんだ。

みんなの意見を聞いてみよう

写しきれないときは、タブレットPCなどを使って写真をとっておくのもいいんじゃないかな。そうすれば、あとでその写真を見て、自分のタイミングでノートをとることができると思うな。

みんなが写し終わるまで待ってあげられたらいいけれど、なかなかそうはいかないかもね。時間内はがんばってみて、もし写しきれなかったところがあれば、友だちにノートを貸してもらうのがいいのかな。

文字を書くのはおそくても、パソコンを使って文字を打つのは速い人もいるよね。先生に相談して、パソコンを使えるときは使ってみるのはどうかな。便利なアイテムを活用すれば、こまりごとも解消できそうだよ。

野口先生からのアドバイス

Hさんのように、字を書くスピードがゆっくりだったり、ほかの人よりつかれてしまったりする人もいるよね。そんな、字を速く書くことが「ふつう」じゃない人がこまらない工夫を考えることが大切だよ。ノートに書かずに、写真を撮ったり、パソコンでタイピングをしている人もいて、それが「ふつう」になっている学校もあるよ。もし今こまっている人は、おうちの人や先生に相談して、どんな方法が自分に合っているか、さがしてみよう。

発達障害って何？

脳のはたらきがほかの人とはちがうために、生活の中でこまりごとがおきる障害を「発達障害」といいます。脳のはたらきのちがいは、目に見えないため、その人のこまりごとはまわりの人にはわかりづらいです。

たとえば、授業中、ほかの人は集中しているけれど、集中することがむずかしかったり、いろんな音が一斉に聞こえると具合がわるくなるから、行事に参加することがむずかしかったり、文字をみんなと同じスピードで書くことがむずかしかったり……。

このようなこまりごとは、その人の「努力不足」ではなく、脳のはたらきがちがうため、その人にとっての「ふつう」と多くの人にとっての「ふつう」がちがうから起こります。

発達障害のある子は"学校のあたりまえ"をこんな風に感じることがあるよ

Ａちゃんがどう思っているか聞かれても、わたしにはわからないよ…

上手に文字を書きたいのに、速く手が動かないなぁ…

みんなと同じ服なのに、ぼくにはチクチクしているように感じて痛い！

▲ 人と話すとつかれる

音で聞き取るのが苦手だからノートが書けない…黒板に書いてほしいな

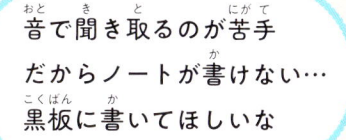

▲ 文字を書くとつかれる

▲ 先生の話を聞き取れない

▲ 感覚がびんかん

ここにある「ふつう」は例だよ。一人ひとりにとっての「ふつう」はちがうから、その人にとっての「ふつう」が何か、聞いてみることが大事だね。

いろいろな特性とこまりごと

発達障害は、ASD（自閉スペクトラム症）、ADHD（注意欠陥多動症）、LD（学習障害）の３つに大きく分かれます。同じ障害名でも、一人ひとりの特性やこまりごとはちがいます。また、それぞれの特性やこまりごとが重なっている場合もあります。

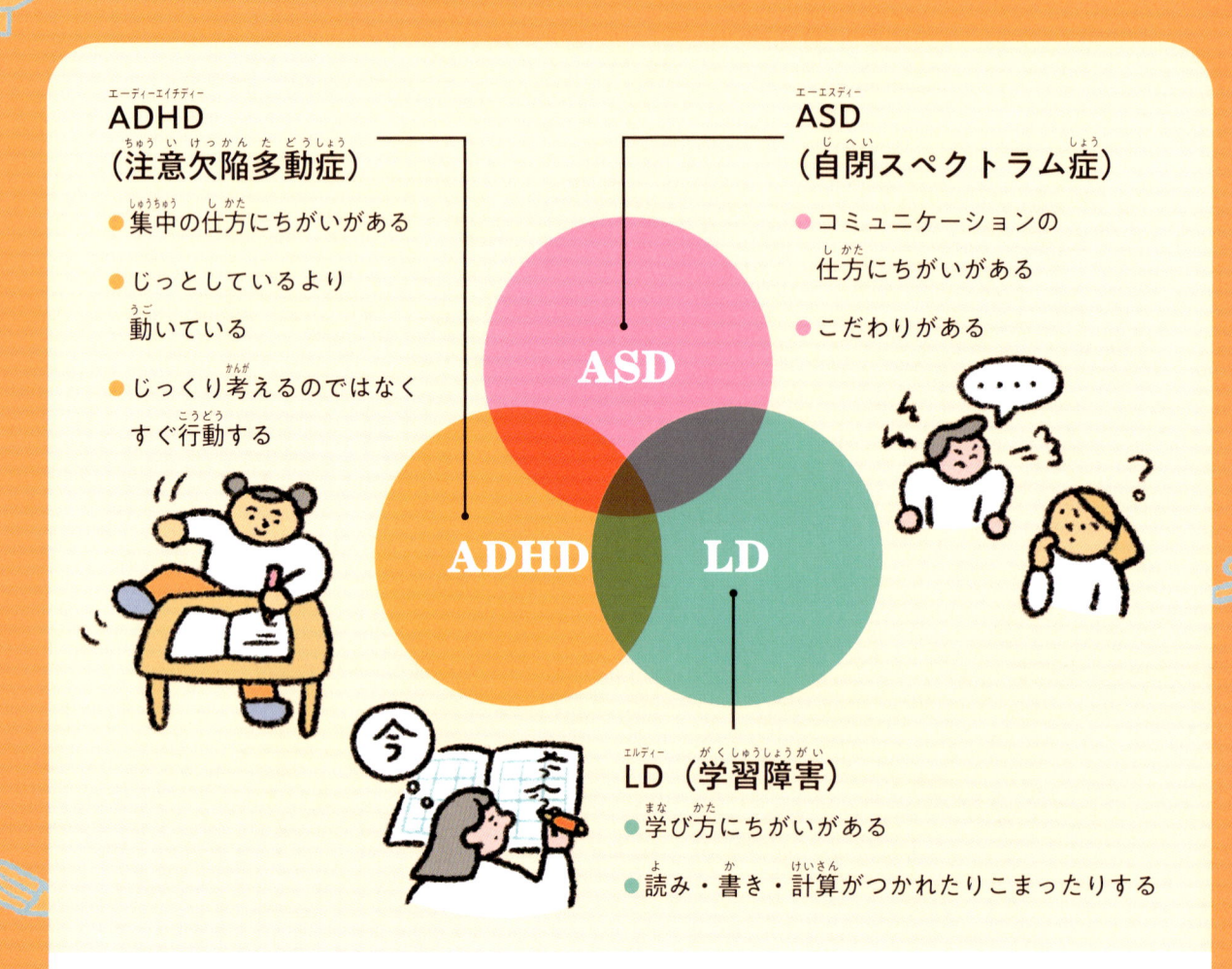

ADHD（注意欠陥多動症）
- 集中の仕方にちがいがある
- じっとしているより動いている
- じっくり考えるのではなくすぐ行動する

ASD（自閉スペクトラム症）
- コミュニケーションの仕方にちがいがある
- こだわりがある

LD（学習障害）
- 学び方にちがいがある
- 読み・書き・計算がつかれたりこまったりする

そのほか....

DCD（発達性協調運動症）… 運動や手先の使い方にちがいがある

吃音… 話す時に言葉がでづらいなどのちがいがある

知的障害… 同じ年齢の多くの人と比べて、ものごとの理解の仕方やスピードにちがいがある

なども発達障害にふくまれるよ。

工夫をすればこまりごとをなくせる！

発達障害のある人には、その人にとっての「ふつう」をまわりの人が理解して、工夫することやサポートすることが大切です。そうすることで、こまりごとをへらしたり、なくしたりすることができます。

例1

文字を読むのが苦手なので、テストの問題文も読むのに時間がかかり、問題が解けない。

▼

工夫

パソコンの音声読み上げソフトを使って、テストを受ける。

例2

まわりが気になって、授業やテスト時間も集中できない。

▼

工夫

仕切りを使うなどして、落ち着ける環境をつくる。

人それぞれのこまりごとを理解して、どんな工夫ができるか考えてみよう。

その人がどんな人なのかは、
見た目だけではわからない。
人それぞれ、ちがいがある。

その中<ruby>中<rt>なか</rt></ruby>で、みんなで
すごしていくには
どうしたらいいのかな？

たいせつなことは、自分が思う「ふつう」を
ほかの人におしつけないこと。

もしも、今ある「ふつう」を
つらいと感じるひとがいたら、
その「ふつう」を変える方法を見つけてみよう。

そして、
その方法はみんなで考えてね。

遠足前に
体調くずさない
ようにね

あなたはけっして
ひとりじゃないよ。

「ちがい」によるこまりごとがあるとき

もし、まわりの人とのちがいによって、
こまっていることやなやんでいることがあるときは、
まわりの人に話をしてみましょう。
どうすれば、こまりごとをへらせるか、
すごしやすくすることができるかを
いっしょに考えてくれる人がいるはずです。

こまりごとや
なやみごとがあることは
はずかしいことではないよ。

だれに相談する？

家族や学校の先生など、自分の話し
やすい人に相談してみよう。担任の
先生だけでなく、保健室の先生やス
クールカウンセラーなど、安心して
話ができる相手を見つけてね。

大人に話しにくいとき
は、まずは友だちに話
してみるのもいいね。

相談するときは……

「どういうとき」「どんなふうに」こまっているのかを、具
体的に話せると、いっしょに解決方法を考えやすいよ。ま
た、「こういうふうにしたい」と希望があれば、それも伝
えてみるといいね。
「気持ちをきいてもら
いたい」だけでも大
丈夫だよ。

すぐに解決できなくても、話
をすることで、少し気持ちが
楽になることもあるよ！

まわりに相談できる人がいないとき

まわりの人になかなか話しにくいとき、電話やメールなどで相談できる窓口があるよ。話したことのひみつは守ってもらえるから、安心してね。話してつらくなったときは、途中で電話を切っても大丈夫だよ。

よりそいホットライン

電話番号： 0120-279-338

0120-279-226（岩手県、宮城県、福島県からかけるとき）

相談時間： 毎日24時間（電話・チャット）

https://www.since2011.net/yorisoi/
●どんな人のどんな悩みも相談できる窓口です。外国語での相談もできます。

チャイルドライン

電話番号： 0120-99-7777

相談時間： 毎日午後4時～午後9時（電話）※12/29～1/3をのぞく

https://childline.or.jp/ チャット、ネットでんわもあります。
●18さいまでの子どものための相談先で、名前や学校をいわなくてもOK。ちょっとしたことでも話してみて大丈夫。

24時間子供SOSダイヤル

電話番号： 0120-0-78310

相談時間： 毎日24時間

https://www.mext.go.jp/a_menu/shotou/seitoshidou/06112210.htm 文部科学省
●電話をかければ、地域の教育委員会の相談機関につながって、いじめやこまったことについて悩みを相談できます。

あなたのいばしょ チャット相談

相談時間： 毎日24時間

https://talkme.jp/
●24時間365日、だれでも無料で使えるチャット相談窓口です。名前は言わなくても大丈夫。あなたのひみつは守ります。

10代のための相談窓口まとめサイト「Mex（ミークス）」

https://me-x.jp/
●家族や友だち、お金、勉強など、人には言えない「こまったかも」を手助けする10代のためのwebサイトです。

ぷるすアルハのこどもメール相談

対　象： 小学生から20さいくらいまでの人

相談時間： 24時間いつでも（※返事には、数日から1週間いただく場合があります。）

https://kidsinfost.net/2021/03/20/mail/
●家族のこと、精神科の受診に関することなど、さまざまな悩みをメールで相談できます。お返事は「相談できる場所や人を探して情報を伝えること」が中心です。相談のひみつは守ってくれます。

このほかにも、さまざまな相談窓口があるよ。相談窓口によっては、つながらない期間やつながりにくい時間もあるかもしれないけれど、時間を変えてみたり、ちがうところにかけてみたりして、試してみてね。

もっと知りたいきみへ >>>> 多様性をもっと知るためのおすすめブックリスト

1 すきなこと にがてなこと

作／新井洋行　絵／嶽まいこ
発行／くもん出版

だれにでも好きなこと苦手なことがある。ありのままで、たがいに支え合い、つながり合える素晴らしさを伝える一冊。

2 たようせいって なに？ きみがせかいとつながる絵本1

監修／高濱正伸
著者／フェリシティ・ブルックス
絵／マール・フェレーロ
訳／山北めぐみ　発行／合同出版

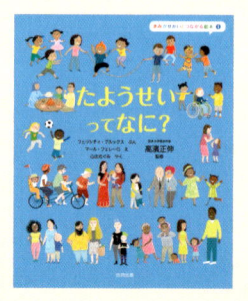

世界中の人たちのさまざまな「ちがい」を、カラフルなイラストで楽しく学ぶことのできる絵本。

3 「ふつう」ってなんだ？ LGBTについて知る本

監修／特定非営利活動法人 ReBit
漫画／殿ヶ谷美由記　発行／Gakken

さまざまな性のあり方を、マンガと図解でわかりやすく解説。「LGBT」をきっかけに多様性の理解が深まる一冊。

4 みんな えがおに なれますように ちがうって すてきなこと

作／うい　絵／早川世詩男
監修／松中権　発行／Gakken

小学生のういさんがさまざまな人へインタビューし、伝えたいと思ったことをまとめた、多様性の絵本。

5 こどもジェンダー

著者／シオリーヌ（大貫詩織）
監修／松岡宗嗣　絵／村田エリー
発行／ワニブックス

助産師、性教育ユーチューバーの著者と、ジェンダーやセクシュアリティについていっしょに考えられる一冊。

6 タンタンタンゴは パパふたり

文／ジャスティン・リチャードソン、ピーター・パーネル 絵／ヘンリー・コール
訳／尾辻かな子、前田和男
発行／ポット出版

おすのペンギンカップルが赤ちゃんを育てる姿をえがく。アメリカの動物園での実話をもとにした作品。

さまざまな「ちがい」や「多様性」のことをもっと知りたいと思った人へ、おすすめの本を紹介するよ。

7　みえるとかみえないとか

作／ヨシタケシンスケ
相談／伊藤亜紗　発行／アリス館

主人公は宇宙飛行士のぼく。伊藤さんの著書「目の見えない人は世界をどう見ているのか」をきっかけに生まれた絵本。

8　どんなかんじかなあ

作／中山千夏　絵／和田誠
発行／自由国民社

目が見えないのはどんな感じなのか、からはじまり、さまざまな人の立場を想像した主人公をえがく絵本。

9　障害があってもいっしょだよ！（全6巻）

著／マリ・シュー
絵／イザベル・ムニョス
訳／上田勢子　発行／大月書店

障害がある子どもたちが、どのように毎日をすごしているのか、本人の語りを通して理解を深める6冊。

10　「ちがい」ってなんだ？　障害について知る本

監修／東京大学教養教育高度化機構
井筒節、EMPOWER Project 飯山智史、
同 町田紘太
漫画／殿ヶ谷美由記　発行／Gakken

学校や街での事例をもとに、マンガや図解で、障害について考える。障害に関わる人へのインタビューも多数収録。

11　せかいのひとびと

作・絵／ピーター・スピアー
訳／松川真弓　発行／評論社

せかいのひとびと

肌の色や住んでいる家、話す言葉など、世界にはさまざまな民族、風習、言語、文化があることを紹介した絵本。

12　同級生は外国人 !?　多文化共生を考えよう（全3巻）

監修／吉富志津代
発行／汐文社

日本の子どもから見た物語を通して、外国につながりがあり、異なる文化を持つ相手を尊重する大切さを学ぶ3冊。

もっと知りたいきみへ >>>> 多様性をもっと知るためのおすすめブックリスト

13 いろいろ いろんな かぞくのほん

著者／メアリ・ホフマン
絵／ロス・アスクィス
訳／杉本 詠美　発行／少年写真新聞社

人数や性別、仕事や趣味など、現代のいろいろな家族の形をイラストで紹介した、家族について考えられる一冊。

14 わたしのかぞく みんなのかぞく

作／サラ・オレアリー
絵／チィン・レン
訳／おおつかのりこ　発行／あかね書房

クラスで自分の家族について話す子どもたち。家族にも多様性があることを、子どもの語りで楽しくつづる。

15 発達障害のお友だち （全4巻）

監修／宮尾益知
発行／岩崎書店

発達障害の特性などを説明し、こまっていることを手伝っていっしょに学んでいく方法を考えるシリーズ。

16 友だちのこまったが わかる絵本 みんなちがってみんないい

編・著／WILL こども知育研究所
監修／赤木和重　発行／金の星社

発達のちがいや個性を理解し、子ども自身が、その友だちの思いや気持ちを考えられるヒントになることを紹介。

17 LD の子が見つけた こんな勉強法 「学び方」はひとつじゃない！

編著／野口晃菜、田中裕一
発行／合同出版

学び方にちがいのある子どもが見つけた工夫を数多く紹介。本人と家族へのインタビューも。

18 じゅぎょうに しゅうちゅう したいのに… 〜感じ方のちがい〜

編／NHK Eテレ「u＆i」制作班
原作／西田征史　絵／鈴木友唯
発行／ほるぷ出版

アイは落ち着きのないユウが、光の感じ方がほかの人とちがうことを知り、どうしたらよいか考える。

さくいん

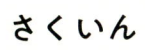

NDC　376　特別堅牢製本図書
教室のなかの多様性図鑑
Gakken　2025　112P　26.5cm
ISBN 978-4-05-501453-3　C8037

監修	野口 晃菜（インクルージョン研究者）
執筆・編集協力	株式会社 KANADEL
デザイン	モドロカ
イラスト	川合 翔子
校正	田中 文子、柳沢 七帆
DTP	株式会社明昌堂
企画	相原 沙弥、中村 円佳

教室のなかの多様性図鑑

2025年 2月 11日　第 1 刷発行

監　修	野口 晃菜
発行人	川畑 勝
編集人	安田 潤
編集担当	中村 円佳
発行所	株式会社Gakken
	〒141-8416
	東京都品川区西五反田2-11-8
印刷所	TOPPAN株式会社
加工所	株式会社大和紙工業

この本に関する各種お問い合わせ先

●本の内容については、下記サイトのお問い合わせフォームより
　お願いします。　　　　　https://www.corp-gakken.co.jp/contact/

●在庫については　　　　　　　　　　Tel 03-6431-1197（販売部）

●不良品（落丁、乱丁）については　　　　　Tel 0570-000577
　学研業務センター 〒354-0045 埼玉県入間郡三芳町上富 279-1

●上記以外のお問い合わせは　Tel 0570-056-710（学研グループ総合案内）